KA MEA HOIHOI

ʻAHUEHU PIPI

ʻŌlelo Hawaiʻi   Marcy Schaaf

THE CURIOUS COW COMMOTION

Hawaiian

Marcy Schaaf

Dedication:

**To Jessy and Jurnee,
the real-life stars of our story,**

Your curiosity and sense of adventure have brought joy to our hearts and inspired the tale of "The Curious Cow Commotion." May your days be filled with laughter, love, and many more unforgettable adventures. Thank you for sharing your wonderful moment with us.

Hoʻolaʻa:

No Jessy lāua ʻo Jurnee, nā hōkū ola maoli o kā mākou moʻolelo,

Ua hoʻohauʻoli kou puʻuwai a me kou noʻonoʻo ʻana i ka moʻolelo o "The Curious Cow Commotion." E hoʻopiha ʻia kou mau lā me ka ʻakaʻaka, ke aloha, a me nā hana hoʻomanaʻo poina ʻole he nui. Mahalo iā ʻoe no ka hāʻawi ʻana i kāu manawa kupanaha me mākou.

Once upon a time,
in a cozy little town,
there lived a neighbor named
Mrs. Jenkins.
She had a secret that would
soon be found.

I kekahi manawa, ma kekahi kūlanakauhale ʻoluʻolu, e noho ana kekahi hoalauna ʻo Mrs. Jenkins kona inoa. He mea huna kāna e ʻike koke ʻia.

Mrs. Jenkins, you see,
was quite a curious soul.
She loved to explore and
had quite the adventurous
goal.

'O Mrs. Jenkins, 'ike 'oe,
he 'uhane hoihoi loa ia.
Makemake 'o ia e maka'ala
a loa'a iā ia ka pahu
hopu.

One sunny morning, she
spotted a sight so rare.
Cows in her neighbor's
yard, grazing without a
care!

I kekahi kakahiaka lā, ʻike ʻo ia i kahi ʻike kakaʻikahi. Pipi ma ka pa o kona hoalauna, e ai ana me ka malama ole!

To warn her neighbors of this
curious delight,
Mrs. Jenkins picked up rocks,
with all her might.

No ka hoʻomaopopo ʻana i
kona mau hoalauna no kēia
ʻoliʻoli nui, ua ʻohi ʻo Mrs.
Jenkins i nā pōhaku, me
kona ikaika a pau.

She aimed for their window,
hoping they would see,
but with a loud crash,
she hit the sprinkler key.

Ua ʻimi ʻo ia i ko lākou pukaaniani me ka manaʻolana e ʻike lākou, akā me ka hāʻule nui ʻana, paʻi ʻo ia i ke kī sprinkler.

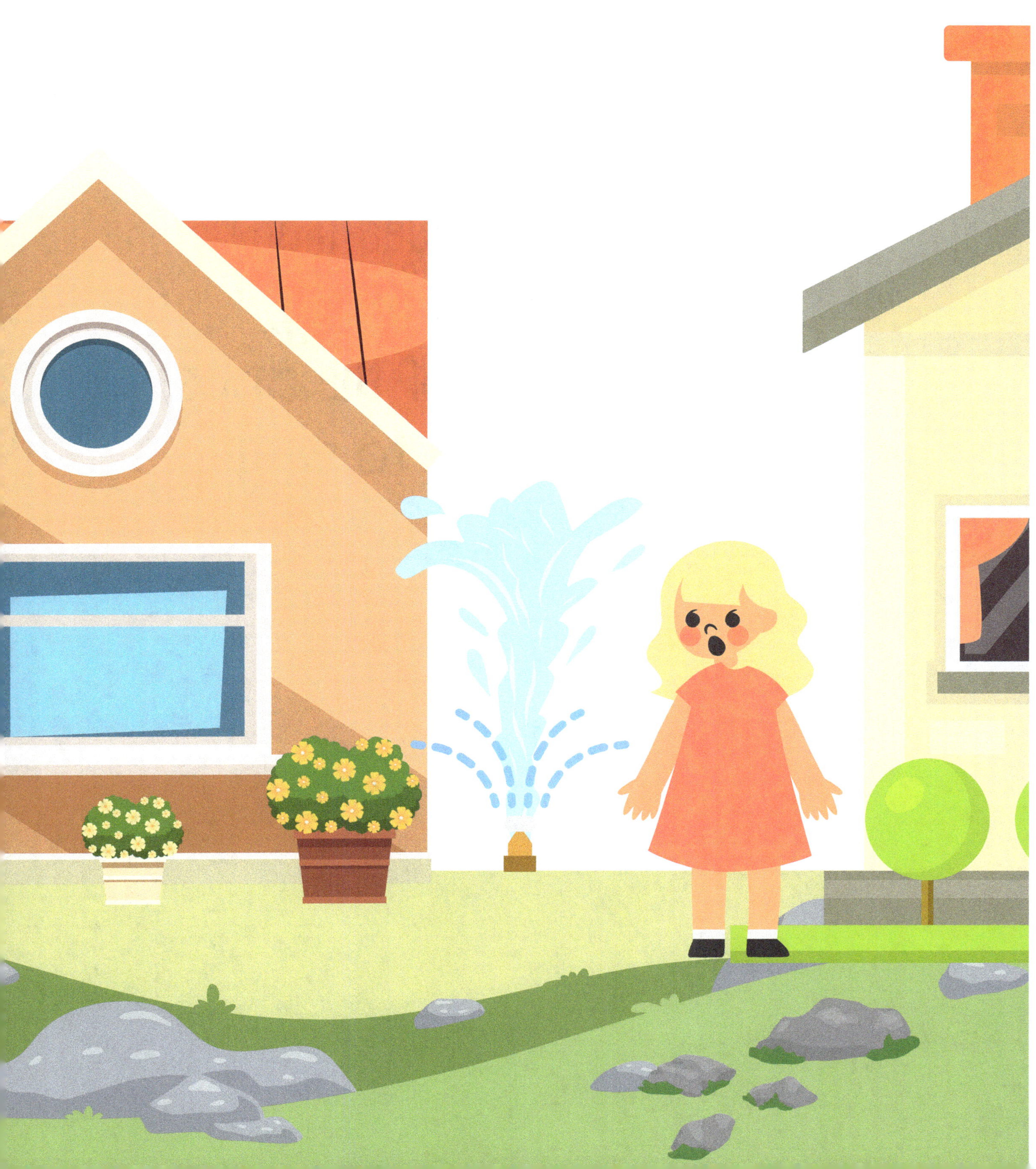

The water sprayed high,
a fountain of spray,
and in the midst of the chaos,
the cows began to sway.

Puka nui ka wai, he punawai
ehu, a iwaena o ka haunaele,
hoomaka na bipi e oni.

Splish, splash, they danced,
twirling around.
The cows turned the lawn into a wet,
muddy playground.

Splish, splash, hula lākou, wiliwili a puni.
Ua hoʻololi nā bipi i ka lau nahele i pā pāʻani pulu.

Mrs. Jenkins panicked,
she needed help fast!
She waved her arms wildly,
hoping her neighbors would be
aghast.

Ua hopohopo ʻo Mrs. Jenkins,
pono ʻo ia i ke kōkua wikiwiki!
Ua ʻālohilohi ʻo ia i kona mau
lima, me ka manaʻolana e
haʻalulu kona mau hoalauna.

Finally, they saw her and rushed
to the scene. Their faces turned
from shock to curious and keen.

'O ka hope loa, 'ike lākou iā ia a holo wikiwiki i ke kahua. Ua huli ko lakou mau helehelena mai ka pihoihoi a i ka hoihoi.

"Oh my goodness!" they said,
"Look at this display!"
The cows and the sprinkler turned
this into a special day.

"Auwe kuu maikai!" ʻōlelo lākou, "E nānā i kēia hōʻikeʻike!" Ua hoʻololi nā bipi a me ka pipi i lā kūikawā.

They all laughed and played in the water's cool embrace.
Mrs. Jenkins had indeed gotten their attention in this wild chase.

Ua ʻakaʻaka lākou a pau a pāʻani i ka
pūliki ʻoluʻolu o ka wai.
Ua loaa io no ia Mrs. Jenkins ko lakou
noonoo ma keia alualu ahiu.

Together, they herded the cows
back to their farm,
thanking Mrs. Jenkins for keeping
them from harm.

Ua hānai pū lākou i nā bipi i kā lākou mahiʻai, me ka mahalo iā Mrs. Jenkins no ka mālama ʻana iā lākou mai ka pōʻino.

The cows waved their tails, saying goodbye with glee. Mrs. Jenkins was the hero of the day, as far as the eye could see.

Ua hoʻoluliluli nā bipi i ko lākou huelo me ka ʻoliʻoli. ʻO Mrs. Jenkins ka meʻe o ia lā, e like me ka ʻike a ka maka.

From that day forward,
Mrs. Jenkins was known,
as the lady who saved the
day, now with a cow of
her own.

Mai ia lā mai, ua ʻike ʻia ʻo Mrs. Jenkins, ʻo ia ka lede nāna i hoʻopakele i ka lā, i kēia manawa me kāna bipi ponoʻī.

So remember, dear children,
when you see a cow in sight,
be curious like Mrs. Jenkins,
and everything will turn out
just right!

No laila, e hoʻomanaʻo ʻoe, e nā keiki aloha, ke ʻike ʻoe i kahi pipi i ka maka, e ʻimi e like me Mrs. Jenkins, a e holo pololei nā mea a pau!

The End!

The actual cow !!!

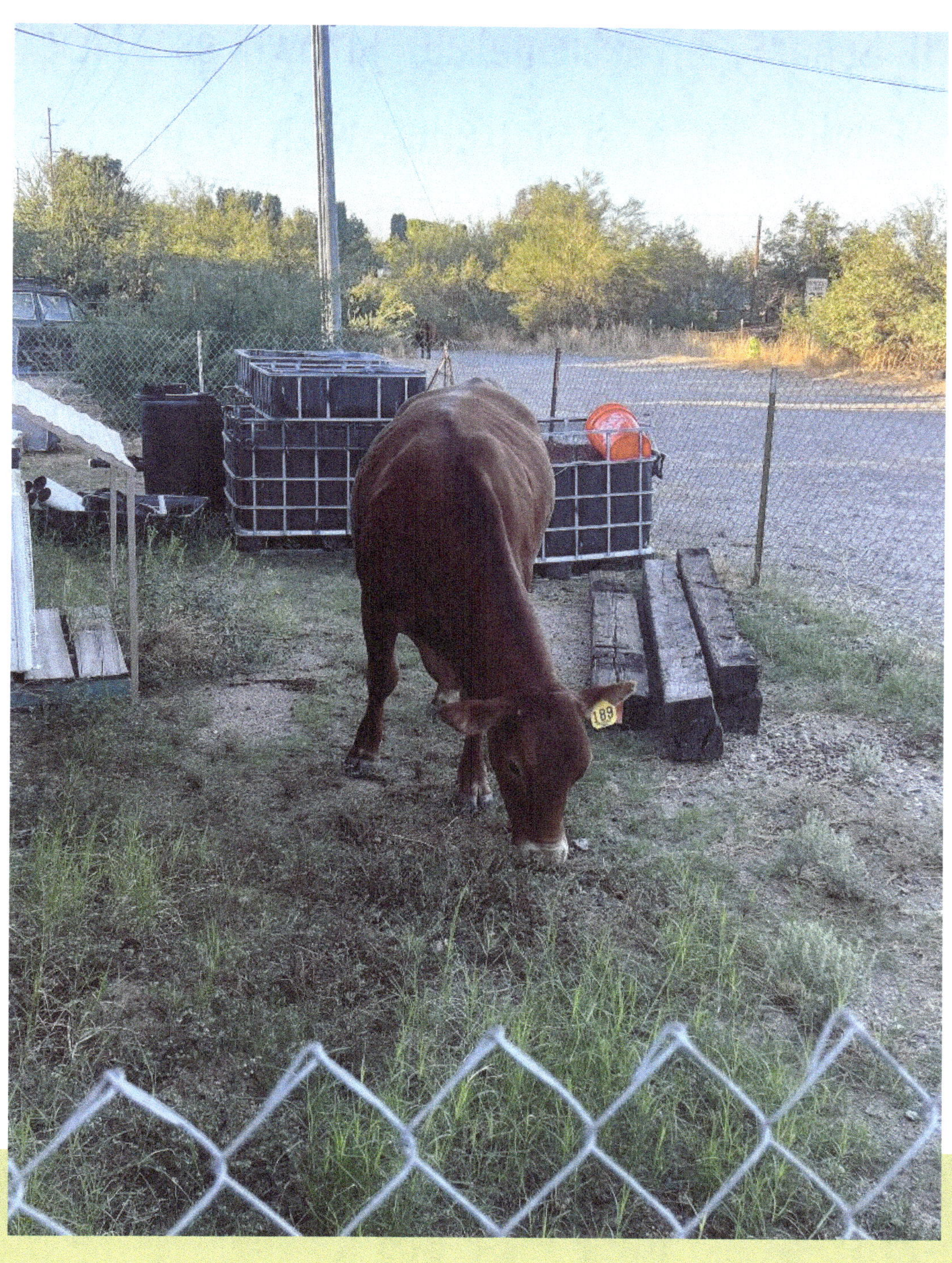

Author Bio:

Marcy Schaaf, affectionately known as "Moo" by her family, is a storyteller with a passion for weaving imaginative tales that enchant young hearts. Marcy finds joy in crafting stories that spark young minds' curiosity and ignite their sense of wonder. When she's not writing charming stories or being called "Moo" by her family, Marcy enjoys exploring and often spends her time traveling the world looking for her next tale. Her hope is that her stories will bring smiles, laughter, and a touch of magic to children all around the world.

Mea kākau Bio:

'O Marcy Schaaf, i kapa 'ia 'o "Moo" e kona 'ohana, he mea ha'i mo'olelo me ka makemake i ka ulana 'ana i nā mo'olelo no'ono'o e ho'ohiwahiwa i nā pu'uwai 'ōpio. 'Ike 'o Marcy i ka hau'oli i ka hana 'ana i nā mo'olelo e ho'āla ai i ka mana'o hoihoi o nā 'ōpio a ho'opau i ko lākou mana'o kahaha. Ke kākau 'ole 'o ia i nā mo'olelo ho'ohiwahiwa a kapa 'ia 'o "Moo" e kona 'ohana, hau'oli 'o Marcy i ka 'imi 'ana a ho'olilo pinepine i kona manawa i ka huaka'i i ka honua e 'imi ana i kāna mo'olelo hou. 'O kona mana'olana e lawe mai kāna mau mo'olelo i ka 'aka'aka, ka 'aka'aka, a me ka ho'opā 'ana o ke kilokilo i nā keiki a puni ka honua.